ILS SONT

ES LACHES!!!!

PAR

Un Ex-Aumônier de régiment

CINQUIEME ÉDITION

Prix : **10** centimes

PARIS

BIBLIOTHÈQUE NAPOLÉONIENNE

HENRI GUÉRARD, ÉDITEUR

Photographies. — Librairie

156, RUE DE RIVOLI, 156

1877

ILS SONT
DES LACHES !!!

———◆———

I

« O Liberté, que de crimes on commet en ton nom ! » s'écriait une femme désabusée, mais trop tard, de la République, son idole, devenue pourvoyeuse de guillotine. Cette femme enthousiaste, l'amie des Girondins (ces Centre-Gauche d'autrefois) l'âme de leurs conseils, l'étoile polaire de leurs songes creux et de leur platonisme politique, cette femme, dis-je, se nommait : *Manon-Jeanne Philipon, dame Roland*. Elle eut la tête tranchée le 8 novembre 1793. Avis aux quelques femmes françaises séduites par la République d'aujourd'hui. La dame au bonnet phrygien n'affecte prudence et politesse, en 1877, que pour aboutir plus sûrement, par une pente douce et sans tapage insolent aux mêmes horreurs sanglantes et aux mêmes infamies que la République de 93. Elle a faussé compagnie à vos devancières, mesdames, elle vous faussera compagnie à votre tour ; elle a déconsidéré vos aînées, elle vous déconsidérera de la même façon, si vous n'y prenez garde. Elle a commis des crimes atroces sous le masque de la Liberté, elle en prépare de plus atroces peut-être sous le masque étiqueté : *République conservatrice*. O femmes françaises, ne vous embarquez jamais sur la galère républicaine, n'y laissez monter ni vos maris ni vos fils ! on n'y coudoie que des pirates, des corsaires, des gens de sac et de corde.

Les meilleurs de la bande sont les niais et les naïfs, qui, niaisement et naïvement, s'en vont, sous pavillon trompeur, de la République rose à la République rouge. Ils ressemblent à la gent moutonnière, qui livre aujourd'hui sa toison aux mains des mercenaires du bercail et qui tombera demain sous le couteau des valets de l'abattoir.

Ce prélude, lecteurs, n'a certes pas les allures d'un exorde insinuant, il est plutôt de la famille des exordes *ex abrupto,* comme disent les habiles de la réthorique. Par lui, j'entre en plein camp du républicanisme, et je mets, comme on dit, les pieds dans le plat du jour, dans l'écuelle au brouet noir des républicains d'hier, dans la macédoine panachée de veau froid et de salade des républicains d'aujourd'hui, et m'adressant à ces derniers convives, je brusque les mouvements de leurs mâchoires pour leur dire à tous les quatre mots que voici : *Vous êtes des lâches ! !*

Oui, Républicains de France, hurlez tant que vous voudrez comme une bande de loups faméliques, vous ·ne m'empêcherez pas de crier à travers vos hurlements : *Vous êtes des lâches!!* Si une parcelle de conscience reste au fond de votre être, comme une perle au fond d'un égoût, je vous mets au défi de récuser mon dire, je vous mets au défi de nier que votre histoire ne soit un tissu de lâchetés, une trame faite de bassesses grossières et anti-françaises.

Par pitié pour votre réputation si compromise, citoyens Républicains, mais aussi par dégoût des bas-fonds de votre écœurante histoire, je ne prends de cette histoire que des sommaires et je n'y touche qu'avec des pincettes. J'y aperçois les géants effarés de 93, les Myrmidons et les charlatans de 48, les sinistres voyous de 70-71, les fous furieux, les bravaches, les insolents d'aujourd'hui : troupe confuse, troupe bariolée, troupeau d'hommes, amis ou ennemis, tous marqués du signe de la bête, c'est-à-dire de l'instinct qui fait les lâches.

II

Le citoyen Littré (ce Narcisse simiesque, ce type de la beauté plastique et non plastique) un des vôtres, citoyens républicains, a donné de la lâcheté une définition qui va à votre taille.

D'après cette définition, j'appelle lâches ceux qui procédèrent à l'arrestation de Louis XVI ; ces chiens d'arrêt étaient lâches, mais tous républicains.

J'appelle lâches ceux qui votèrent la mort de Louis XVI : ces votants étaient lâches, mais tous républicains.

J'appelle lâches ceux qui insultèrent et torturerent le roi captif au Temple : ces insulteurs et ces tortionnaires étaient lâches, mais tous républicains.

J'appelle lâches, ceux qui participèrent à la mort du roi sur l'échafaud; ces participants du régicide se comptaient par milliers, mais ils étaient tous républicains.

J'appelle lâches ceux qui calomnièrent Marie-Antoinette, ceux qui l'appelèrent à leur barre, ceux qui blasphémèrent son nom, profanèrent son cœur, ceux qui voulurent flétrir sa couronne de reine de France et de mère du Dauphin, ceux qui ricanèrent à son passage dans les rues de Paris, ceux qui s'attelèrent à une charrette d'équarrisseur pour traîner la reine à la guillotine ; ces calomniateurs, ces magistrats interlopes, ces blasphémateurs, ces profanateurs, ces infâmes, ces ricaneurs obscènes, ces charretiers boueux étaient tous des républicains.

J'appelle lâches ceux qui jetèrent au cachot l'enfant royal, ceux qui le frappèrent, ceux qui l'obligèrent à

chanter la *Marseillaise* et le *Ça ira,*
ceux qui lui firent danser la carma-
gnole, ceux qui mêlèrent des ordures
à sa nourriture et à sa boisson, ceux
qui tentèrent de l'idiotiser, de crétini-
ser son âme comme ils avaient créti-
nisé ses membres, ceux qui enfin
le torturèrent et le rouèrent de coups
jusqu'à sa dernière heure, Ces géôliers,
ces hurleurs de la *Marseillaise,* ces
maîtres d'école en chansons gratuites
et obligatoires, ces professeurs de
danse révolutionnaire, ces empoisonn-
neurs, ces corrupteurs de l'enfance,
ces gens sordides, ces bourreaux mul-
tiples, celui qui est connu sous le nom
de Simon le cordonnier, les complices
de Simon, mâles et femelles, nommés
et innommés, étaient tous des républicains.

J'appelle lâches les Septembriseurs:
ces tueurs de femmes et de prêtres
étaient tous des républicains.

J'appelle lâches les Conventionnels:

ces édicteurs de massacres, ces espions hypocrites étaient tous des républicains.

J'appelle lâches les hommes de la Terreur : ces buveurs de sang, ces bêtes féroces à face humaine, ces carnassiers fauves, ces organisateurs de tueries en masses, ces affamés de cadavres, ces altérés de sang innocent étaient tous des républicains.

J'appelle lâches tous les personnages marquants de la grande Révolution qui se disputèrent pendant cinq années le bonheur atroce d'insulter leurs victimes; mais ils étaient tous des républicains.

J'appelle lâches tous ceux qui ont signé des arrêts de mort, tous ceux qui ont écrit les dossiers du tribunal révolutionnaire et de la première Commune, tous ceux qui ont mis à exécution ses arrêts, tous ceux qui ont signé et paraphé ses dossiers sanguinaires; tous ceux-là, ces signataires, ces scribes, ces bourreaux et leurs aides, ces maîtres dans le crime et leurs valets étaient tous des républicains.

« Il y a eu, dit monseigneur Dupanloup, deux sortes de monstres pendant la Révolution. Les uns absolument tels, de tout point, par exemple : Chaumette, Hébert, Marat, Carrier, gens perdus de dettes, de vols, ou natures sanguinaires et froidement atroces, avant même que la Révolution eût éclaté. Ce sont les plus hideux.» Ces hideux étaient des lâches, mais ils étaient tous republicains. Les autres que l'occasion fit surgir, furent des monstres inachevés, mais des héros de lâchété; ils se nomment Robespierre, Pétion, Fouquier-Tinville, Philippe-Egalité; Danton, Saint-Just, Joseph Lebon, Chabot, Jacques Roux, Claude Bernard. Ces princes en rupture de bonnes mœurs, ces avocats haineux, ces procureurs envieux, ces fanfarons du vice, ces prêtres apostats, ces moines défroqués, ces hommes de l'ignominie étaient tous des républicains.

J'appelle lâches [les bourreaux obscurs ou non obscurs de la grande Révolution, ceux qui furent les fournisseurs des grands holocaustes, ceux qui firent de la France un vaste champ de carnage et y décrétèrent la guillotine en permanence : ces fournisseurs de victimes, ces dresseurs de potences étaient tous sans exception des républicains ! ! !

C'en est assez sur l'histoire de la première République en France ; il est bien avéré qu'elle accoucha chez nous d'une portée de monstres et de lâches. Il est bien avéré aussi que ces monstres et ces lâches, progéniture de dame République furent d'une couardise sans exemple quand ils se virent menacés par le Premier Consul ! Ils se trainèrent à ses pieds, tremblants de peur comme des chiens qu'on fouaille, et furent plats sous son épée vengeresse comme des punaises à genoux.

Le premier consul fit mitrailler les plus lâches et les plus criminels d'entre eux dans la journée du 18 Brumaire. Et ce fut fait de la République et des républicains pour un demi-siècle. De par l'énergique coup d'Etat de Bonaparte, la France fut délivrée du premier joug républicain, c'est-à-dire de la dictature des voleurs, des assassins et des lâches.

III.

Voici venir le deuxième joug républtcain, voici venir la deuxième dictature des lâches. Nous sommes en 1848, et nous voyons défiler et parader, sous nos regards attristés, une troupe de charlatans politiques assez osés pour présider aux destinées françaises. Moins habiles que leurs aînés de la première République, moins criminels et moins passionnés, ils furent lâches comme eux et absolument ridicules.

J'appelle lâches les hommes de 1848, qui, aux journées de Février et de Juin, lancèrent le peuple aux barricades et dans l'émeute sanglante, ceux qui firent fusiller les ouvriers, ceux qui signèrent la déportation des enfants du peuple. Ces émeutiers, gardiens de leur vie personnelle, si prodigues de la vie des autres, ces souffleurs de tempêtes à leur profit, mais au détriment des foules abusées, ces signataires de lettres d'écrous, ces rénégats, ces déserteurs, ces fuyards par les vasistas et par les portes discrètes, étaient tous républicains.

Les républicains de 1848 ont vécu ce que vivent les roses, l'espace d'un matin, mais sans laisser après eux le parfum d'une bonne renommée. Ayant vécu lâches, ils disparurent lâchement.

Une fusillade sur les boulevards, au matin du 2 décembre 1851, les dispersa comme une nuée de corbeaux aux quatre coins de Paris.

Le Prince-Président les fit arrêter dans leurs cachettes ; il en chargea quelques centaines sur un navire de l'Etat, et, aux applaudissements de la France honnête, il établit le dépôt authentique de ces gens-là à Cayenne et à Nouka-Iva et ailleurs, et ce fut fait de la République et des républicains pendant dix-huit années. De par l'énergique coup d'Etat d'un autre Bonaparte, la France fut délivrée du deuxième joug républicain, c'est-à-dire de la deuxième dictature des voleurs, des assassins et des lâches !

IV.

Voici venir le troisième joug républicain, voici venir, par conséquent, la troisième dictature des lâches. Nous sommes en l'année 1870, « l'année terrible », a dit Victor Hugo, année terrible en effet que celle qui donna à la France des nuées de Prussiens et, par derrière ces Prussiens, des nuées dévorantes de républicains (les valets derrière les maîtres).

Ces valets ont débuté par le 4 Septembre et ont couronné leur œuvrc par la Commune.

M. de Maistre a dit quelque part, à l'honneur du courage et de la discipline militaire, « qu'une rebellion dans un camp, la veille des batailles, était un phénomène inconnu de l'humanité. »

Malheureusement pour l'honneur de la race et de la foi républicaines, « il s'est rencontré des hommes qui, le 4 Septembre 1870, n'eurent point de pareils préjugés. Ils n'ont pas reculé devant la témérité coupable de renverser un gouvernement, c'est-à-dire une force nationale devant l'ennemi » (1).

Le 4 Septembre est plus qu'une témérité, c'est une lâcheté mâtinée de trahison.

Le saltimbanque politique qui a nom Emile de Girardin, devenu républicain sénile depuis quelques mois, dans un moment d'humeur atrabilaire, dressait, en 1871, le réquisitoire suivant contre les hommes du 4 Septembre, et du gouvernement de la Lâcheté nationale, contre les grands et les petits Rabagas. Et dire qu'aujourd'hui, il flagorne d'une lèvre baveuse les mêmes hommes, les susdits Rabagas.

« Les hommes du 4 septembre

« Messieurs de la minorité du Corps législatif qui, le 4 Septembre, avez « pris en main les destinées de la France, » qu'en avez vous fait ?

« Messieurs de la minorité du Corps

____

(1) Paroles de M. de Belcastel.

législatif qui, le 4 Septembre, avez « juré de vous faire tuer jusqu'au dernier, » lequel de vous s'est fait tuer ?

« Du 4 Septembre 1870 au 8 février 1871, vous avez exercé pleinement la dictature pendant cinq mois : l'heure a sonné des comptes à rendre.

«Rendez compte de toutes les sommes que vous avez follement dépensées.

« Rendez compte de tous vos décrets inconsidérés, se dédisant ou se faisant double emploi, par lesquels, au nom de « la guerre à outrance », au nom du « pacte avec la mort, sinon avec la victoire », vous avez enlevé à l'agriculture, à l'industrie, au commerce tous les hommes de vingt à quarante ans, valides et réformés, pour en faire quoi?

« Des désœuvrés grevant lourdement le budget, encombrant tous les estaminets des villes, en attendant qu'on ait des fusils à leur donner pour leur apprendre l'exercice; désœuvrés que, le lendemain d'une défaite, vous faisiez partir en toute hâte pour aller remplir les vides de l'armée battue, où ils arrivaient mal armés, à peine vêtus, à peine chaussés, manquant de vivres et n'ayant jamais tiré un coup de fusil, un seul !

« Et ces levées, vous osiez les appeler des armées

« Si encore votre impuissance s'était bornée à ne pas organiser la victoire ! Mais votre incapacité a désorganisé la France !

« Impuissants pour le bien, vous avez été tout-puissants pour le mal.

« Lorsque le pays saura exactement ce que lui auront coûté vos cinq mois de dictature, il vous maudira, et ce sera justice ! » (1).

Citoyen de Girardin, vous avez été bon prophète (mais sans le savoir, à

(1) Article publié par Emile de Girardin dans le journal la *Charente-Inférieure*, de La Rochelle.

la mode de l'âne de Balaam). Le pays a maudit les hommes du 4 Septembre. Il les a nommés, dans sa justice sommaire : Tas de fripons !

Demain, il les chassera à coups de pieds en leur criant bien haut : Tas de lâches !! Gare à vous, citoyen Émile; mais non, n'ayez crainte, la France honnête ne frappe pas les vieillards, surtout les vieillards tombés en enfance et atteints du *delirium tremens*. Oui, on a trouvé des hommes du 4 Septembre, gaspillant les finances de lÉtat, on a supputé jusqu'au dernier franc les sommes qu'ils ont dilapidées bêtement ou qu'ils ont prudemment utilisées pour bâtir châteaux en Amérique; on leur a demandé de régler leurs comptes, et regardant la France, leur créancière, ils l'ont raillée pendant qu'elle versait sa rançon de cinq milliards, et ils l'ont payée avec une grimace et des pirouettes, la monnaie des singes et des lâches. Mais ces singes et ces lâches étaient tous républicains.

On a des preuves de l'alliance des hommes du 4 Septembre avec les Allemands. Cette alliance était une lâcheté, mais quoi de surprenant? ces hommes étaient tous républicains.

Les hommes du 4 Septembre se firent émeutiers dans Paris, pendant que le Souverain était aux prises avec la victoire qui trahissait son courage et la valeur de ses armées ; ces émeutiers furent des lâches, mais ils étaient tous républicains. Les hommes du 4 Septembre ont chassé brutalement de son palais la Souveraine de la France, l'ange de la bonne charité; ces hommes brutes furent des lâches, mais ils étaient tous républicains. Les hommes du 4 Septembre ont calomnié l'Impératrice exilée, ils l'ont bafouée, ils l'ont couverte d'injures ignobles, ils ont traîné son nom dans la boue; ces hommes furent des lâches, mais ils étaient tous républicains.

Les hommes du 4 Septembre ont jeté la bave sur l'Enfant de France, sur le jeune Prince impérial exilé, ils ont ri de ses larmes versées sur les malheurs du pays; ces hommes furent des lâches; mais ils étaient des républicains.

Les hommes du 4 Septembre ont vilipendé l'Empereur prisonnier de guerre. Les hommes du 4 Septembre ont insulté l'Empereur mort. Les hommes du 4 Septembre ont donné le coup de pied de l'âne au cadavre de l'Empereur. Les hommes du 4 Septembre ont piétiné sur le tombeau de l'Empereur; ces hommes furent des lâches, mais ils étaient des républicains.

Les hommes du 4 Septembre ont insulté et fait insulter par leurs complices, à Paris et dans les départements, toutes personnes portant insigne ou costume non laïques, il les ont maltraitées partout, ils les ont même désignées aux réquisitionnaires Allemands et aux pillards Garibaldiens.

Ils ont insulté et fait insulter les curés dans les paroisses, les aumôniers dans les camps, les Frères dans les ambulances, les Sœurs dans les hospices. Ces hommes furent des lâches, mais ils étaient tous républicains.

Les hommes du 4 Septembre ont affamé le peuple de Paris; ils ont caché les meilleures provisions dans les caves et les sous-sols de leurs hôtels; ils n'ont donné du pain moisi au peuple qu'à la condition d'être maintenus au pouvoir; ces hommes furent des lâches, mais ils étaient tous républicains.

Les hommes du 4 Septembre furent les initiateurs de l'émeute du 31 octobre sous les regards des Prussiens campés autour de Paris ; ces hommes furent des lâches, mais ils étaient tous républicains.

Les hommes du 4 Septembre furent, pendant la guerre, des chefs d'émeute, à Lyon, à Bordeaux, à Toulouse, à Saint-Etienne; ils soufflèrent la haine, ils attisèrent le feu de l'envie au sein des cités ouvrières manquant de pain, dans les ateliers, dans les usines manquant de travail; ils firent hisser le drapeau rouge aux balcons des préfectures et des hôtels-de-ville, à la flèche des clochers d'église, aux sommets des portes des monastères, ils salirent les murs de dénominations prises aux vocabulaires maçonniques; ils furent responsables des assassinats commis par leurs idolâtres. Ces hommes furent des lâches, mais ils étaient tous républicains.

Les hommes du 4 Septembre prêchèrent la guerre à outrance, ce qui voulait dire l'effusion du sang innocent, la ruine du pays, le démembrement de la patrie, la perte de l'Alsace et de la Lorraine, la trouée des Vosges, l'oubli d'une armée ·dans les neiges, cent mille cadavres de plus sur les champs de bataille, plutôt que de descendre du pouvoir : ces prédicateurs outranciers furent des lâches, mais ils étaient tous républicains.

Les hommes du 4 Septembre ont, préparé la Commune : ces hommes furent des lâches, mais ils étaient tous républicains.

Les hommes du 4 Septembre ont organisé la garde nationale en bandes émeutières, barricadières, pétroleuses, incendiaires, égorgeuses d'otages, pillardes, voleuses : ces hommes furent des lâches, mais ils étaient tous républicains.

Les hommes du 4 Septembre ont quémandé un coup d'épaule aux Prussiens pour étayer leur gouvernement insurrectionnel, ils ont quémandé des coups de bottes à l'ennemi pour frapper le bronze glorieux des victoires de France qu'on nomme la colonne Vendôme, ils ont renversé cette colonne ; ces hommes furent des lâches, mais ils étaient tous républicains.

Un homme du 4 Septembre, le plus vantard de tous, le Borgne (au pays des aveugles, les borgnes sont rois), fut traité de fou furieux par M. Thiers, qui se souvenait, lui, de son surnom de Foutriquet; le Borgne fut un lâche et ne répondit rien, mais il était répu-blicain.

Le même Borgne fut traité de voyou, de canaille et de misérable au temps de son apothéose dictatoriale.— Ce fut à Tours, à l'hôtel de Bordeaux, qu'il fut ainsi sainement jugé par l'in-tègre citoyen Grévy et Guyot-Mont-payroux, en présence du délégué Glais-Bizoin, d'un zouave pontifical et d'un aumônier de régiment. C'était un dimanche de décembre 1870 au lende-main de la rentrée des Prussiens à Orléans. Le Borgne fut un lâche et laissa dire, mais il était républicain.

Le même Borgne écouta sans frémir l'apostrophe suivante, et cela dans son palais : « Gambetta! tu as blagué les zouaves du Pape, je t'en défie maintenant, ils sont tous morts pour la France et pour Dieu. » Le Borgne ne répondit rien et fut un lâche, mais il était républicain.

Ces hommes du 4 Septembre ont accepté tout sans frémir : les reproches sanglants de la mère-patrie, les plaintes amères des Français et des Françaises vendus par eux à l'Allemagne, les coups de canne en pleine figure, les défis en duel, les accusations privées et publiques ; ils y ont répondu par la fuite sous les orangers d'Espagne. par des stations fréquentes et prolongées aux villes d'eaux et aux maisons de jeux ; puis quand le remords les a pris, quand le sang de leurs victimes, fantôme vengeur, s'est dressé devant eux, ils ont eu peur, et l'un d'eux a fait une confession publique en pleine tribune législative, pour lui et pour tous ses complices. Ces hommes furent lâches, mais ils étaient tous républicains.

V

Ces mêmes hommes du 4 Septembre nous restent, ces lâches républicains sont au milieu de nous debout dans l'épanouissement et l'éclat de leurs faits et gestes et protégés par je ne sais quelle légalité imposée au Pouvoir Exécutif. On dit même qu'ils ont fait souche de républicains à leur image et à leur ressemblance.

Je ne le crois pas.

Les 300 députés qui forment rideau d'opposition au gouvernement du Maréchal ne sont pas acquis aux hommes du 4 Septembre, à leurs menées, à leurs visées pour l'avenir. J'aime à me persuader qu'ils sont fort peu républicains, puisque pour être un pursang sur le turf républicain français, il faut suivre les traditions des vieux frères et amis de 93, continuer le sillon ouvert par les vieilles barbes de

48 et de 51, marcher avec les hommes du 4 Septembre, les communards, les radicaux et autres citoyens de la même pâte, *ejusdem farinœ*, ce qui veut dire : faire ce qu'ils ont fait : tuer à l'occasion, voler souvent, être lâche toujours ; ce qui veut dire encore : faire ce qu'ils font aujourd'hui impunément grâce à la liberté de la presse et au défaut de l'état de siége ; insulter les Majestés tombées, jeter l'injure aux cheveux blancs du Pape, torturer le sens de ses paroles et de ses actes, outrager et faire outrager les prêtres, blasphémer la religion, impopulariser les curés des villes et des campagnes, inventer le fantôme du cléricalisme, calomnier tout ce qui est honnête , les personnes et les choses ; frapper sur ce qui est faible et désarmé, ne s'attaquer qu'aux porte-robes et non aux porte-épées. En un mot, pour être un bon républicain, il faut être lâche jusqu'à la corde et jusqu'à la bride.

La France n'est pas encore descendue au point qu'il faille désespérer d'elle pour l'avenir. On dit qu'elle a peur des bêtes rouges de la République. Cela tient à ce que la foi religieuse et politique de ses fils et de ses filles est d'une complexion trop frêle ; elle les voit s'affaissant, comme le roseau du fabuliste, sous le poids d'un roitelet.

Et voilà que le navire qui porte les destinées françaises s'en va à la dérive depuis l'exil de ses nautonniers. Avant de se briser à l'écueil où le poussent les pirates rouges, il glisse lourdement, ses ancres traînantes ne s'accrochent qu'à de la boue. Pauvre France ! tombée malgré toi en République, conserve toujours la vie hautaine et la tête au-dessus de la buée. Voici que la nuit se fait autour de toi : où donc est ton étoile ? où donc est ton vengeur ?

FIN.

PHOTOGRAPHIES

	Cartes album	Cartes visite	Form 21 s 27	Form. 35 s 48
	PRIX			
Napoléon 1er.	1 50	« 75	5 »	
Roi de Rome.	1 50	« 75		
L'Impératrice Joséphine.	1 50	« 75		
Reine Hortense.	1 50	« 75		
S. M. l'Empereur Napoléon III	1 50	« 75	5 »	20 »
S: M. l'Impératrice Eugénie.	1 50	« 75	5 »	20 »
S. A. le Prince impérial	1 50	« 75	5 »	20 »
Longwood. maison où est mort Napoléon 1er	1 »	« 50		
Tombeau de Napoléon 1er aux Invalides.	1 »	« 50		
à Ste-Hélène.	1 »	« 50		
Tombeau de Napoléon III.	1 »	« 50		
Cambden House (Chislehurst).	1 »	« 50		
Chapelle Ste-Marie (Chislehurst)	1 »	« 50		
Portraits des Députés impérialistes, chaque	1 50	« 75		

		plast	plât.	emballage
		PRIX		
Nouveau buste du Prince Impérial	1re grand.	40 »	30 »	6 »
	2e —	12 »	8 »	2 50
	3e —	5 «	3 »	1 25

NOTA. — Les envois se font contre Mandats de poste ou contre remboursement; les frais de poste sont à la charge de l'acheteur.

Typ. Malverge et Dubourg, 41. r. du Cardinal-Lemoine.